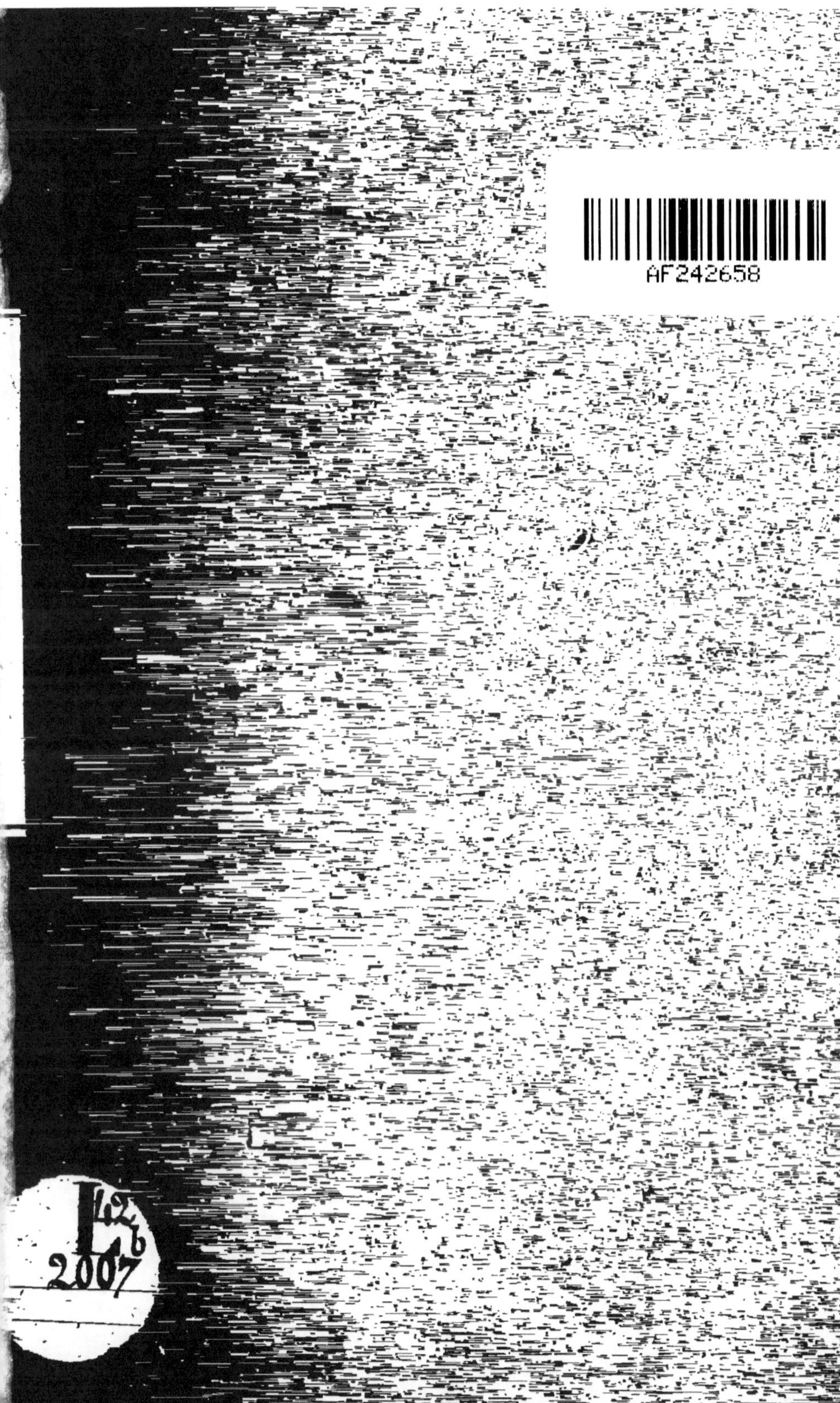
AF242658
2007

DISCOURS

PRONONCÉ

LORS DE LA PREMIÈRE CÉLÉBRATION

DES MARIAGES

AU TEMPLE DE LA LIBERTÉ,

le 10 Vendémiaire an VII,

PAR

LE CIT. DÉMICHEL,

PRÉSIDENT DE L'ADMINISTRATION MUNICIPALE
DE LA COMMUNE DE STRASBOURG.

Imprimé par ordre de l'administration municipale.

Le 10 Vendémiaire, an VII, la célébration des mariages eut lieu pour la première fois en cette commune, au temple de la ci-devant cathédrale. Cette cérémonie, malgré que le local y mit de grands obstacles, ne manqua pas d'être belle et touchante. L'idée en est heureuse, il ne s'agit que de l'exécution, à laquelle tous les citoyens ont un intérêt égal de concourir, soit en contribuant, chacun, suivant leurs facultés, aux frais de l'arrangement et de l'embellissement du local, soit en apportant à la célébration des mariages l'ordre et la décence qui conviennent à cette auguste institution.

Immédiatement après la lecture de la loi du 13 Fructidor dernier, relative à la célébration des décadis, le président de l'administration municipale prononça le discours suivant, dont cette administration a ordonné l'impression et la distribution, parceque les vérités qu'il renferme ne sauraient jamais être trop méditées, ni trop généralement repandues.

Vous venez d'entendre la lecture d'une loi bien importante et bien intéressante en même tems pour les amis des institutions républicaines. Le décadi, ce jour de repos et de fête nationale, proscrit par le fanatisme, l'ignorance et la déraison, deviendra désormais, par cette loi, un jour de solemnité, de réjouissance et de bonheur pour tous les citoyens français. Ils seront tous appellés successivement à venir en ce jour contracter leur mariage, cette union sainte et sacrée qui doit servir à la propagation de l'espèce humaine et à la succession perpétuelle des générations naissantes.

Dans un gouvernement républicain les citoyens appartiennent avant tout à la société. Par leurs rapports avec elle, dans les différentes époques de la vie, leur intérêt particulier se lie nécessairement à l'intérêt général. Leur naissance les met sous la surveillance et la protection de la loi, ils acquièrent par elle des droits aux soins et à l'héritage des parens qui leur ont donné le jour. Ils deviennent par leur mariage les souches de nouvelles familles, dont les membres auront les mêmes devoirs et les mêmes droits. A leur décès tous leurs droits cesseront avec eux et la loi appelle leurs héritiers à les remplacer. Dans de pareils rapports la loi seule pouvoit déterminer leur naissance, mariage et décès. Les législateurs qui ont rendu cette loi importante, en déclarant qu'ils n'entendoient ni innover, ni nuire à la liberté qu'ont tous les citoyens de consacrer leurs naissances, mariages et décès par les cérémonies du culte auquel ils sont attachés, et par l'intervention des ministres de ce culte, ont reconnu que son effet devoit être purement civil.

Ce ne seroit donc qu'avec des intentions bien perfides, que l'on tenteroit d'engager les citoyens qu'une conscience foible et timorée tient encore enchaînés à la domination des prêtres, à se soustraire à l'exécution d'une loi si bienfaisante, et qui aura nécessairement la plus grande influence sur la moralité publique. Une pareille transgression seroit d'autant plus criminelle, que les citoyens qui s'en rendroient coupables priveroient par-là leurs enfans de l'exercice de tous leurs droits, puisqu'ils n'auroient aucun titre légal pour les réclamer.

Comment un républicain pourroit-il craindre de venir, en ce jour solemnel, en présence de ses parens, de ses amis, de ses concitoyens, contracter son mariage, l'acte le plus important de sa vie, celui qui doit lui donner une nouvelle existence dans la société, qui doit le rendre le chef d'une nouvelle famille, qui doit contribuer le plus à son bonheur et à celui de sa postérité.

Venez, jeune et innocente fille, qui, sous les yeux d'une mère chaste et vertueuse, avez constamment rempli tous vos devoirs domestiques, venez recevoir la plus douce des récompenses; venez payer le plus juste tribut à la nature et à la société; venez, en présence de cette intéressante jeunesse, qui doit imiter un jour votre exemple; en présence de ces heureux époux, de ces respectables vieillards, de ces dignes défenseurs de la patrie, de ces magistrats du peuple, qui tous vous voyent avec attendrissement entrer dans une carrière toute nouvelle, semée des jouissances les plus vives et les plus pures ; venez jurer à celui qu'une tendre amitié, fondée sur des qualités estimables, vous fait prendre pour époux, qu'il sera toujours ce que vous aimerez et respecterez le plus ; que rien de ce qui pourra contribuer à le rendre heureux ne sera au-dessous de vos soins et de votre étude ; que vous serez sévèrement en garde sur votre réputation ; que vous n'oublierez jamais qu'il ne suffit pas pour votre honneur et celui de votre époux, d'être fidèle, qu'il faut encore être estimée comme telle.

Et vous, jeune et tendre époux, voyez, dans la compagne que votre cœur a choisi, celle dont le bonheur doit être l'objet constant de toutes vos sollicitudes. Voyez toujours en elle un ami sûr et sincère qui doit adoucir et partager vos peines, qui doit vous consoler dans vos adversités. Dirigez sa conduite par vos sages conseils, soyez son guide et son modèle. Honorez la, pour qu'elle soit honorée ; respectez la, pour qu'elle soit respectée. Agissez toujours avec elle de manière qu'elle puisse se reposer avec sécurité sous l'appui de votre protection et de votre vigilance.

Vous aurez encore un devoir bien sacré à remplir et dont vous partagerez les peines en commun, ou plutôt que vous changerez en plaisirs ; c'est celui de l'éducation de vos enfans.

Ne perdez jamais de vue que, dans le gouvernement, sous lequel vous avez le bonheur de vivre, tous les hommes sont égaux et frères ; que tous sont appellés à remplir les mêmes devoirs, à jouir des mêmes droits, sans autre distinction que celle qui est due aux talens et aux vertus, qu'ils doivent tous acquérir les connoissances nécessaires pour hâter le moment où la grande république doit parvenir au plus haut dégré de bonheur possible.

Vous aurez donc la plus sévère attention pour que, dans l'éducation, tant physique que morale, de vos enfans, tout porte l'empreinte de la grande dignité qu'ils devront exercer un jour, de la dignité d'hommes libres. Que leur première étude soit celle des principes immuables qui ont servi de base à la plus juste des constitutions ! Destinés à vivre parmi leurs égaux, vous vous attacherez de préférence à leur former le coeur plutôt que l'esprit; vous leur enseignerez les moyens de se procurer par le travail une honnête aisance, mais vous les préviendrez en même tems, que s'ils veulent toujours conserver leur indépendance, ils doivent dédaigner les dons de la fortune. En joignant l'exemple au précepte vous les engagerez non seulement à se rendre dignes de l'estime publique, mais encore à mériter leur propre estime, en ne faisant rien qui ne soit approuvé par leur conscience.

Vous exercerez leur courage, vous les aguerrirez contre les préjugés, vous leur inspirerez le mépris du faste, en le tournant en ridicule. Vous leur formerez une sagesse, une tranquillité, une vertu d'habitude, qui, jointes à une profonde soumission pour les décrets de la providence, leur tiendront lieu de philosophie et les rendront aussi fidèles à remplir leurs devoirs, que résignés à supporter les peines de la vie.

Vous leur inspirerez pour les institutions républicaines, ce saint enthousiasme qui, en nourrissant dans nos ames un amour ardent pour la patrie, nous porte à lui faire tous les sacrifices que commandent sa gloire et sa prospérité : pour ces institutions dont le but principal est d'éclairer notre raison, de perfectionner notre jugement, de nous délivrer enfin de cette foule de préjugés qui nous ont tenus enchaînés, pendant quatorze siècles, au char du fanatisme et de la superstition.

Vous leur apprendrez surtout que, l'hommage le plus pur et le seul digne de la divinité, ce ne sont pas ces pratiques superstitieuses, expiatoires et ridicules, inventées par les prêtres pour s'établir les médiateurs entre Dieu et les hommes, et pour mieux dominer les peuples par la crainte, l'ignorance, l'erreur et la crédulité; vous leur direz que ce qui plait le plus à la divine providence, c'est un coeur juste et pur; c'est la concorde entre les hommes; c'est la modération dans la prospérité et le courage dans le revers; c'est l'obéissance et la soumission aux lois de son pays; c'est une probité incorruptible, une bienfaisance sans ostentation, une inflexible intégrité dans les magistrats du peuple; c'est l'amour conjugal et paternel; c'est la piété filiale ; c'est le respect pour la vieillesse et pour l'enfance ; c'est une pitié douce et compatissante pour les infortunés ; c'est enfin une bienveillance active et une touchante indulgence pour tous nos semblables.

Citoyens, dans la série des devoirs que je viens de vous tracer, il n'en est pas un seul qui ne vous soit dicté par votre propre conscience. C'est là que vous trouverez toujours la règle la plus sure de vos actions ; c'est là qu'est gravée, en caractères ineffaçables, cette auguste religion, éternelle comme son auteur, la vraie religion des républicains. Les dogmes qu'elle impose à votre croyance ne révoltent point votre raison et ne sauroient être démentis par elle. Tout, dans l'univers, vous démontre l'existence d'un Être suprême, éternel, juste et bon. Tout, en vous-même, vous force à croire à l'immortalité de l'ame. Les vérités qu'elle vous enseigne sont aussi claires, aussi simples, qu'elles sont évidentes. Ses préceptes ne vous commandent point des pratiques ridicules et inutiles à la gloire de Dieu et au bonheur de l'homme ; ils ne vous prescrivent point des devoirs au-dessus de vos forces et contraires à la nature. Tout ce que cette religion vous commande et vous prescrit est fondé sur la charité, la tolérance et la bienveillance envers vos frères; tout en elle tend à la perfection et au bonheur de l'humanité.

Suivez donc ce guide infaillible et toujours sûr, si vous voulez jouir constamment de cette tranquillité d'ame, de ce contentement de vous-même, qui sont la plus digne récompense de l'homme de bien, si vous voulez contribuer à la gloire et à la prospérité de la république, qui ne peut être fondée solidement que sur la vertu et les bonnes mœurs.

De l'imprimerie de Ph. J. Dannbach.

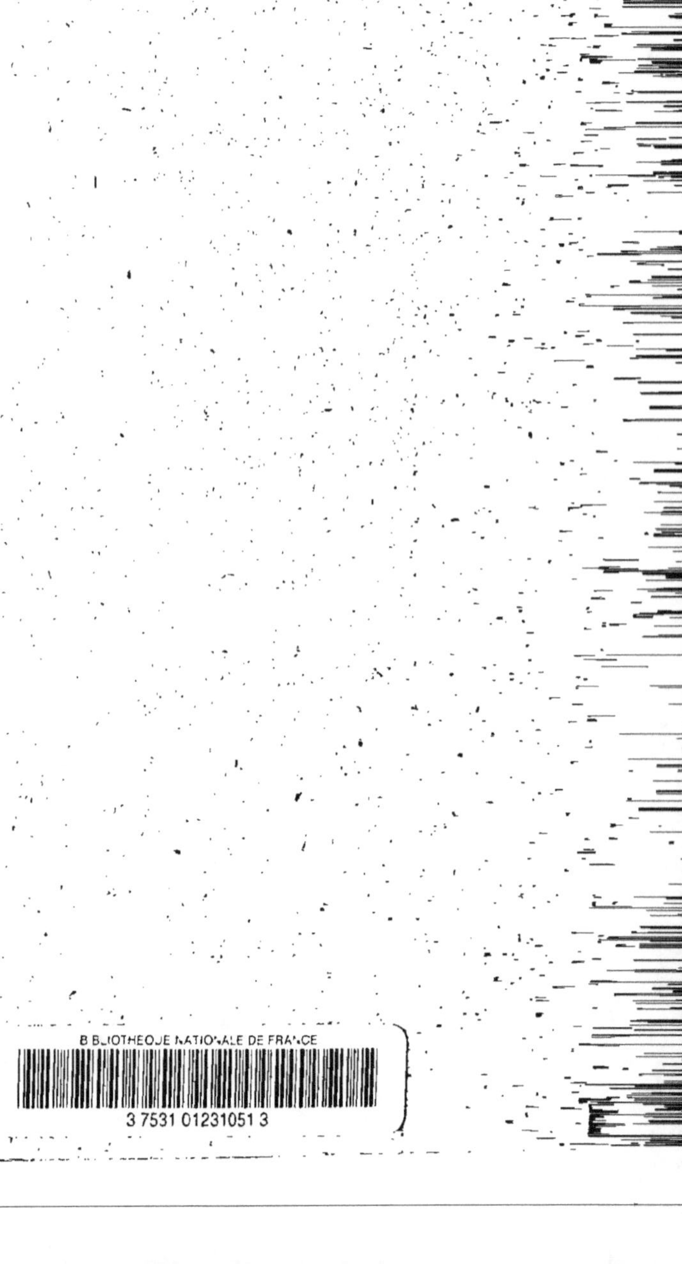